GESTIÓN ÁGIL DE

PROYECTOS

Guía de Inicio Rápido Para Principiantes Y

Cómo Implementar Agile Paso A Paso

Aprenda Gestión Ágil de Proyectos Paso a Paso

TABLA DE CONTENIDOS

INTRODUCCIÓN

La gestión ágil de proyectos se refiere usualmente a un grupo de metodologías de desarrollo de software basadas en gran medida en el desarrollo iterativo a medida que los requisitos y soluciones se mueven a través de equipos multifuncionales autoorganizados. El término Gestión Ágil de Proyectos fue acuñado en el 2001 cuando se creó el Manifiesto Ágil.

La gestión ágil de proyectos suele tener como objetivo promover el cambio constante y la inspección; se centra en el trabajo en equipo y el liderazgo, así como en el trabajo en solitario que desarrolla tanto las necesidades del cliente como los objetivos de la empresa.

El concepto detrás de la gestión ágil de proyectos se puede encontrar en los enfoques modernos de análisis y gestión, como Six Sigma, metodología de sistema flexible y teoría de los actos de habla.

Aprenda Gestión Ágil de Proyectos Paso a Paso

La solución detrás de la gestión ágil de problemas se puede encontrar en los enfoques modernos durante todo el año, como Sigma Smash, un sistema que se usa en todas partes y que aparentemente funciona solo.

A veces se discute de los métodos de gestión ágil de proyectos como si estuvieran en el otro extremo del espectro de los denominados métodos de trabajo "disciplinados" o "planeados". Esta opinión no es estrictamente correcta, pues sugiere que los métodos ágiles no son disciplinados o planeados. En realidad, los métodos ágiles funcionan sobre un nivel de mejora continua con adopción constante para mantenerse actualizados.

Los sistemas ágiles están siendo comparados constantemente con sistemas adaptativos que son cambiantes para resolver problemas e inconvenientes reales, de modo que cuando las necesidades de un proyecto particular empiezan a cambiar, el equipo adaptativo también cambiará para adecuarse. El lado negativo de los sistemas adaptativos es que tendrán dificultades para predecir lo que pasará en el futuro.

Por otro lado, los métodos predictivos tienden a enfocarse en planear el futuro en gran detalle. Un equipo predictivo puede reportar

Aprenda Gestión Ágil de Proyectos Paso a Paso

exactamente qué características y tareas están planeadas para toda la duración del proceso de desarrollo, aunque los equipos predictivos tienen dificultades para cambiar la dirección.

Los principales principios tras los sistemas de gestión ágil son: prioridad de las acciones individuales sobre las acciones de herramientas y procesos, la colaboración del cliente sobre el detalle de contacto, la habilidad de responder a un cambio de manera positiva.

CAPÍTULO 1: ¿QUÉ ES LA GESTIÓN ÁGIL DE PROYECTOS?

La gestión ágil de proyectos generalmente describe a un grupo de métodos de desarrollo de software, los cuales han estado disponibles por cerca de diez años hasta ahora, y han continuado creciendo en popularidad con todo tipo de organizaciones, tanto grandes y pequeñas, y no se restringen por ningún medio a la industria del software.

Trabajar con metodologías ágiles permite a las organizaciones mejorar la calidad de su producto y también les ayuda a asegurarse de que esos productos y servicios puedan ser traídos al mercado rápida y profesionalmente.

Cuando una compañía u organización empieza a gestionar sus proyectos usando los métodos de gestión ágil de proyectos, es típico ver un incremento marcado en su crecimiento y expansión general, debido a estos altos niveles de productividad que están asociados con la gestión Ágil.

Aprenda Gestión Ágil de Proyectos Paso a Paso

Este método de gestión de proyectos promueve y responde al cambio de una manera orgánica, permitiendo una aproximación mucho más flexible al desarrollo de proyectos. Mientras que este enfoque es bastante distinto a los métodos más tradicionales en los cuales el resultado del proyecto es planeado a fondo y el resultado es fijado, no significa que la gestión ágil de proyectos tenga un enfoque indisciplinado para trabajar en un proyecto.

El resultado final con la gestión de proyectos ágiles siempre es un poco menos predecible, en comparación con métodos antiguos, pero esto no necesariamente es una desventaja.

Porque este método se adapta al cambio de una forma positiva, respondiendo a inconvenientes a medida que surgen y los resuelve, el resultado siempre es mucho más exitoso que los resultados obtenidos por un equipo que simplemente está avanzando poco a poco hacia su meta final sin si quiera considerar un cambio de dirección.

La gestión ágil de proyectos incentiva las relaciones laborales saludables y productivas con colegas que comparten responsabilidad por el resultado de cada proyecto y trabajan juntos para alcanzar sus metas.

Aprenda Gestión Ágil de Proyectos Paso a Paso

Las reuniones regulares de equipo juegan un rol clave en el éxito de este trabajo en equipo y aseguran de que todo el mundo esté enfocado y trabaje efectivamente.

En estas reuniones vitales, el equipo puede ser actualizado con respecto al progreso que ya ha sido hecho, antes de hacer planes para la siguiente etapa del proceso y hacer los preparativos para completarlo.

Los miembros de equipo se organizan sin necesidad de un gestor de proyectos, y sus habilidades compartidas los hacen capaces de realizar tareas efectivamente al asignar cada tarea al miembro de equipo más adecuado.

El escenario ideal cuando se trabaja en proyectos por medio de la gestión Ágil es en el que todas las partes trabajan que trabajan en el proyecto están bajo el mismo techo (por ejemplo, en una oficina) y de muchas maneras, esto le da a los trabajadores la oportunidad de forjar relaciones más fuertes y ciertamente brinda más conveniencia.

Pero esto no es crucial y puede ser bastante directo aplicar los principios de la gestión ágil con éxito en una amplia gama de otras situaciones, gracias al fantástico arreglo de tecnología que tenemos a nuestra disposición para ayudar a la comunicación de unos a otros.

El estado presente de la economía significa que la competencia es fuerte y que hay mucho énfasis en el desempeño. La gestión ágil de proyectos pone mucho sobre la mesa.

Por medio de este enfoque de pensamiento directo que se centra en el trabajo en equipo y en la colaboración, la gestión ágil de proyectos ayuda a las organizaciones a competir y mantener la paz en el diverso y rápidamente cambiante mercado global.

En términos de la practicidad y flexibilidad, la gestión ágil entrega mucho más efectivamente que cualquiera de los métodos tradicionales y es, por lo tanto, una opción altamente útil para explorar.

¿CUÁNDO ES NECESARIA LA GESTIÓN ÁGIL DE PROYECTOS?

Si es implementada correctamente, la gestión ágil de proyectos puede beneficiar a todo gerente de proyectos allí afuera en cierto grado. La gerencia ágil de proyectos es un enfoque menos restrictivo a la gerencia de proyectos. Puede ser un proceso más interactivo y flexible.

Mientras que parece ir inicialmente contra la tradición de ser organizado, trabajar para fijar marcos de tiempo y dentro de parámetros fijados, hay instancias en las que es esencial. Es más a menudo usado en proyectos que requieren el desarrollo de software.

Es la forma más efectiva de gerencia de proyectos para cualquier proyecto que incluya altos niveles de cambio y riesgo a lo largo de un período corto de tiempo.

Este enfoque también trae un nuevo conjunto de retos a la mesa. Con la flexibilidad viene una probabilidad incrementada de que las cosas se tuerzan.

Para combatir esto, debemos asegurarnos de que las bases del equipo sean construidas en torno a la honestidad, comunicación excelente, y disciplina.

Esos atributos implementados correctamente asegurarán que todo el equipo permanezca enfocado y se siga moviendo en la dirección correcta, incluso en períodos de cambio.

¿CÓMO BENEFICIARSE?

La verdadera clave del éxito en la gerencia de proyectos es un equilibrio. Significa conocer no solamente las prácticas correctas a implementar, pero también para corregir la importancia y el tiempo que debería pasarse en cada una.

Hay aspectos de la gerencia ágil de proyectos que impactarán cualquier proyecto de una forma positiva.

El enfoque incrementado en la gerencia de equipo y la responsabilidad grupal siempre lleva a un equipo más productivo y feliz. Un equipo más feliz se vuelve un equipo más productivo, lo cual nunca es algo malo.

La habilidad de adaptarse fomenta la creatividad y la innovación a nivel básico. Esto significa que la resolución de problemas y de obstáculos potenciales es abordada con mucha más eficiencia.

Aprenda Gestión Ágil de Proyectos Paso a Paso

La interacción incrementada con los clientes permite al equipo obtener un mejor entendimiento y entregar consistentemente resultados más confiables.

Planificar para lo desconocido es un ingrediente esencial de la gerencia ágil de proyectos. Crear contingencias para problemas no puede ser algo malo management.

1.   CREA UN EQUIPO QUE SE ADECÚE A TU ENFOQUE

Cuando estás planificando para un proyecto con atributos que sugieren gerencia ágil de proyectos, es la mejor manera de proceder, luego, crear tu equipo con el enfoque en mente puede incrementar en gran medida la facilidad con la cual trabajas.

El equipo ideal será enérgico, innovador, y siempre dará la bienvenida al cambio. Incluye a todos los miembros del equipo en cada etapa de la planificación, permitiéndote de esta manera asegurar que las fechas de entrega sean logradas, y resaltando cualquier problema potencial que pudiera necesitar la creación de contingencias.

Aprenda Gestión Ágil de Proyectos Paso a Paso

Una vez que el proyecto está en marcha, asegúrate de estar en contacto con todos los miembros clave del equipo.

Estar disponible minimizará el tiempo que se requiere para resolver problemas, y responder preguntas, y maximizar los efectos de la buena comunicación y el trabajo en equipo.

En la medida que estés más cómodo con proyectos ágiles, quizás al atender un curso de entrenamiento de gerencia ágil de proyectos, empezarás a ver la forma en la cual puede usarse para beneficiar a la mayoría de los proyectos.

CAPÍTULO 2: ¿CÓMO EJECUTAR LA GESTIÓN ÁGIL DE PROYECTOS?

La cruz de todas las estrategias está en la ejecución exitosa. Muchos gerentes son rápidos y competentes en la planificación, pero desafortunadamente, fallan cuando se trata de implementar la estrategia. Una GAP exitosa (Gerencia Ágil de Proyectos) está construida sobre dos factores.

- Quick Flujo rápido de información

- Comprensión de las decisiones de inmediato

La ejecución ágil de proyectos promueve la información que sustenta decisiones y da a los miembros de equipo la autonomía, la cual lleva a la brillantez en la ejecución. La gerencia ágil de proyectos es un avance de las estrategias de gerencia exitosas.

Aprenda Gestión Ágil de Proyectos Paso a Paso

Promueve la comunicación, los resultados, el trabajo en equipo, y la capacidad de respuesta haciendo uso de herramientas convencionales de gerencia. Brinda una aproximación holística al establecimiento de estrategias, planes, resultados y empleados.

Podrás hacer todo esto con la gerencia ágil de proyectos:

- Gerencia de Remodelación para la perspectiva amplia

- Desarrollar Igualdad de información

- Agrandar la escala de la autonomía de los empleados

Se ha observado que casi 90 por ciento de las estrategias ideadas fallan debido a la ejecución pobre. De hecho, los planes siempre fallan cuando carecen de una ejecución realizable, rápida y segura.

La falla de la ejecución también se origina debido a varios otros factores, tales como responsabilidad no clara, falta de comunicación, labores y responsabilidades vagamente definidas, falta de enfoque y monitoreo adecuado.

Además, cuando los planes fallan debido a la ejecución pobre, muchos empleados quedan desalentados y como resultado, la compañía incurre en pérdidas adicionales en la forma de bajo niveles de productividad.

Hoy en día, una vasta mayoría de las tácticas de ejecución de negocios son costosas, complejas, y requieren mucho tiempo. Six Sigma es un ejemplo excelente de métodos de ejecución convencionales.

De hecho, todos los métodos ágiles promueven el trabajo en equipo, los resultados, y la colaboración. Procesan la flexibilidad durante el ciclo de vida de un proyecto. La clave es adaptarse el plan para simplificar el flujo de información en una organización. Esto llevará a las decisiones correctas en el momento correcto.

¿CÓMO EJECUTAR LA GERENCIA ÁGIL DE PROYECTOS?

1.   Compartir

Compartir la visión y establecer metas claras ayudará a alinear la organización con un plan estratégico.

2.   Rastrear

Los resultados numéricos son una base mayor de información que apoya las decisiones.

3.   Analizar

El análisis regular brinda acceso rápido a muchos datos críticos que apoyan decisiones, y facilita el actuar autónomo de los interesados.

4.   Reevaluar

Cuando la reevaluación es apoyada por datos previos que apoyan la decisión, las metas del negocio ofrecen un cambio efectivo.

5.   Repetir

Las Metas, los planes, y las métricas pueden cambiar, pero el enfoque sistemático a la ejecución exitosa no debe cambiar.

¿CÓMO PRESENTAR LA GERENCIA ÁGIL DE PROYECTOS A TU ORGANIZACIÓN?

Aprenda Gestión Ágil de Proyectos Paso a Paso

1.   No la llames ágil: la palabra "ágil" puede venir con

connotaciones malas tales como que "se salta detalles" o como una

"moda pasajera", lo cual hace que las compañías se vuelvan escépticas

al momento de adoptar el marco de trabajo. Muchas de las prácticas

ágiles, sin embargo, pueden usarse de manera aislada para promover tu

causa.

Empieza a introducir conceptos tales como "listas priorizadas" y

"tablas Kanban visuales" sin llamarlas "técnicas ágiles". Las personas

empezarán a ver los beneficios y ni siquiera notarán que están

implementando la gestión ágil.

2.   Muerte Por Ensayo: las personas no quieren escucharte

evangelizar infinitamente el concepto de la gerencia ágil de proyectos.

Tienes que demostrar éxito para lograr la adopción. La mejor manera

de hacer esto es correr una iteración de prueba de 2 semanas.

Pide a la empresa que te de el 100% de su confianza por la duración

entera de la iteración. A cambio de su confianza, les dirás que " ellos

ganan" si tu no puedes entregar y ellos no quedan impresionados.

3.   Llama a un Amigo: es importante tener aliados cuando presentas nuevos conceptos a cualquier ambiente. Encuentra un campeón dentro del negocio (Gerentes de Proyectos, Participantes) y muéstrales de qué manera serán más sencillas sus vidas con la gerencia ágil de proyectos.

Podrías, por ejemplo, resaltar a una gerencia de proyecto que, puesto que el equipo es responsable de actualizar las tareas por sí mismos, tienen menos responsabilidades de gerencia diarias.

Podrías también resaltar ante un participante clave que hay una mejor gerencia de riesgo, debido a que la naturaleza de constante planificación- implementación, revisión de la gerencia ágil de proyectos detecta problemas mucho antes.

4.   Hazlos sentir que no están solos: para ganar el apoyo del negocio, puedes mostrar ejemplos de líderes de industria en este espacio.

5.   ¡Escúchalos! Pregúntale a la empresa acerca de los retos que

están enfrentando en sus proyectos actuales. Brinda un ejemplo acerca

de cómo la gerencia ágil podría potencialmente superar cada reto.

La empresa apreciará que les escuches e intentes resolver sus

problemas, más allá de sólo evangelizar acerca de la gerencia ágil de

proyectos.

VENTAJAS DE LA GERENCIA ÁGIL

Con los escenarios dinámicamente cambiantes del mercado dominando

los mercados de externalización, se ha vuelto imperativo permanecer

versado con las tecnologías emergentes y usarlas para desarrollar

proyectos.

Las nuevas plataformas y tecnologías tienen mucho que ofrecer en

términos del tiempo reducido de desarrollo y en focalizarse hacia un

amplio rango de requerimientos centrados en el cliente, sin embargo,

mientras cosechamos los beneficios que brindan, también imponen

algunas restricciones respecto a su aplicabilidad.

Aprenda Gestión Ágil de Proyectos Paso a Paso

Los negocios deslocalizados pueden incrementar los niveles de productividad y generar ingresos más altos, pero a menudo encaran problemas al encontrar equipos técnicos familiares con el uso e implementación de nuevas tecnologías.

Para la mayoría de las organizaciones, es más rentable encontrar un talento técnico en otros países y externalizar sus proyectos dependiendo de la naturaleza y alcance del proyecto a la mano.

Es muy importante administrar proyectos de una manera efectiva para hacerlos rentables. Varios métodos y marcos de trabajo de gerencia de proyectos apuntan a hacer la gerencia de proyectos más fácil y más efectiva.

Algunos de los métodos populares usados en el pasado, e incluso ahora son:

- Critical Path Method (CPM)

- Critical Chain Project Management (CCPM) (Gestión de Proyectos por Cadena Crítica)

Aprenda Gestión Ágil de Proyectos Paso a Paso

- Método PMI/PMBOK

Event Chain Methodology (ECM) Metodología de Cadena de Eventos

- Extreme Project Management (XPM) Gerencia Extrema de Proyectos

- Adaptive Project Framework (APF)

- Lean Development (LD) Desarrollo "Esbelto"

- Six Sigma/Lean Six Sigma

- Dynamic Systems Development Model (DSDM) Modelo de Desarrollo De Sistemas Dinámicos

- Feature Driven Development (FDD) Desarrollo Impulsado por Características

- Rapid Application Development (RAD) Desarrollo Rápido de Aplicación

- Systems Development Life Cycle (SDLC) Ciclo de Vida de Desarrollo de Sistemas

- Waterfall (Tradicional, Desarrollo en Cascada)

Cada método propone hacer la gerencia de proyecto fácil y más precisa. A menudo, es difícil escoger cuál método debería adoptar uno para desarrollar un proyecto, puesto que cada técnica de gerencia tiene sus propios pros y contras.

Mientras una organización particular puede ofrecer una retroalimentación positiva respecto al método que está siguiendo, los consultantes podrían considerarlo una mala elección y hablar su contra. No hay postulados o reglas que definan un proyecto "exitoso".

También, no hay reglas que puedan ayudar a decidir si una metodología particular es más efectiva cuando se compara con otra. Se basa más en la experiencia personal, en entender cómo funciona una metodología y lo que tiene para ofrecer, y cuán bien puede ser implementada.

Quizás, el aspecto más importante a entender es que sin importar qué metodología escojas, lo que es más importante es cuán bien la uses a tu beneficio para hacer que tu proyecto tenga éxito.

Aprenda Gestión Ágil de Proyectos Paso a Paso

Los proyectos pueden variar en términos de su alcance, tamaño, complejidad y naturaleza. Sin embargo, sin importar eso, los equipos deslocalizados o distribuidos tienen que ser coordinados y administrados apropiadamente.

El marco de trabajo de la gerencia ágil de proyectos brinda varias opciones para gestionar proyectos desarrollados remotamente.

MARCOS ÁGILES

- Scrum

Recomendado para desarrollar proyectos desde tamaños pequeños hasta tamaños medios usando un equipo de 7 a 12 individuos multifuncionales y con múltiples habilidades. El marco de trabajo Scrum se caracteriza por sus eventos, artefactos, roles y procesos claramente definidos, los cuales tienen que ser seguidos por el equipo entero.

La corrección de errores y las actividades de retrospección prevalecen sobre la documentación y delegación de autoridad. El cliente está activamente involucrado en verificar el desarrollo realizado por el equipo.

El equipo de Scrum entrega el valor del negocio en el proyecto por medio de incrementos de productos exitosos, desarrollados por medio de ciclos periódicos conocidos como sprints.

- Extreme Programming (XP) (Programación Extrema)

Extreme Programming (XP) o Programación Extrema, brinda un enfoque práctico al desarrollo de programas y se enfoca principalmente en la entrega de resultados de negocios.

Sigue un enfoque incremental de "empezar con algo" hacia el desarrollo de productos, y hace uso de procesos continuados de prueba y revisión.

XP es recomendado generalmente para proyectos a corto plazo, y los equipos de desarrollo típicamente siguen el proceso de codificar-probar-analizar-diseñar- integrar.

XP es conocido por la programación "emparejada" es decir, dos desarrolladores comrpometidos con el desarrollo y la prueba de código simultáneamente. Un programador crea el código mientras el otro lo prueba al momento.

- Kanban

Basado en el concepto de modelo de producción de Toyota, Kanban brinda una aproximación pragmática al desarrollo, al emparejar la cantidad real de trabajo en progreso con la capacidad del equipo de desarrollo para entregarlo.

El marco brinda más flexibilidad en términos de opciones de planificación, resultados más rápidos, un enfoque claro perteneciente a qué tiene que desarrollarse, y al mantener transparencia total a lo largo del ciclo de desarrollo del producto.

- Scaled Agile Frameworks (SAFe)

Scaled Agile Framework (SAFe) es un método estructurado y perspectivo para ayudar a organizaciones grandes y empresas a iniciarse con la adopción de la gerencia ágil.

Es un marco de trabajo ágil popular y eficiente usado por muchas compañías, cubriendo varias verticales de la industria.

Aprenda Gestión Ágil de Proyectos Paso a Paso

Es especialmente recomendado para proyectos basados en software de gran tamaño, en los que los equipos pueden funcionar interdependientemente.

- Nexus

Nexus es un marco de trabajo ágil sobre dependencias de equipos multidisciplinarios y problemas de integración de equipo. Facilita la implementación ágil en proyectos complejos y de gran escala.

Funciona como un exoesqueleto y ayuda a múltiples equipos de Scrum a integrarse y perseguir una meta común de entregar incrementos de producto valioso mediante sprints.

Cada equipo entrega un cierto valor de negocio al cliente por medio de cada ciclo de incremento de producto, y los equipos logran esto al seguir los principios ágiles y el proceso.

Nexus es recomendado para equipos de desarrollo que consisten de más de 100 individuos.

Aprenda Gestión Ágil de Proyectos Paso a Paso

GESTIÓN ÁGIL PARA EQUIPOS DISTRIBUIDOS

Mientras ejecutas tu primer proyecto remoto, la cosa más lógica a hacer es documentar la visión del proyecto y comprender cómo entregará el equipo las metas del proyecto.

La comunicación apropiada y efectiva es de gran importancia mientras se explican las metas y objetivos a los miembros del equipo.

Es un proceso simple y directo la mayoría del tiempo, pero mientras trabajas con equipos distribuidos, las diferencias culturales y los niveles variables de dominio del idioma pueden crear a menudo limitaciones y llevar a una mala comunicación, así como también a la confusión.

Este puede ser un escenario común en el caso de equipos localizados en países a lo largo de distintos husos horarios y que poseen una habilidad limitada para comunicarse usando un lenguaje particular.

Los individuos pueden encontrar difícil entender y captar los requerimientos exactos del proyecto y entregar el código o funcionalidad que no cumple los requerimientos finales del usuario.

Los proyectos a menudo fracasan debido a estas y otras razones técnicas y no técnicas.

Usar la gestión ágil puede ser posible para simplificar estos tipos de problemas. No es una bala de plata que puede rectificar todos los inconvenientes y problemas enfrentados durante la ejecución del proyecto.

La gestión ágil es un marco de trabajo, por lo tanto, depende de lo bien que el equipo comprenda sus principios y cuán efectivamente los implementa en el proyecto.

Sin embargo, el marco de trabajo está diseñado de modo tal que los inconvenientes puedan ser tratados de una forma más proactiva y efectiva.

TRATANDO CON INCONVENIENTES USANDO LA GESTIÓN ÁGIL

Los negocios optan por equipos remotos o distribuidos principalmente para segregar la actividad de desarrollo del cuerpo de la organización principal al translocar al equipo y la actividad de desarrollo a alguna otra ubicación por razones de gestión o financieras.

El equipo es directamente empleado por la organización y cada miembro es un empleado. En caso de deslocalización, el proyecto entero es subcontratado a un vendedor de desarrollo que ejecuta el proyecto en nombre del cliente o lo desarrolla como una parte del contrato del cliente.

Esta discusión trata de diferenciar entre sí el equipo remoto es una parte de la organización parental o si pertenece a un vendedor subcontratante.

Algunos inconvenientes comunes encarados mientras se trabaja con ambos tipos de equipos son discutidos y cómo esos inconvenientes pueden ser abordados apropiadamente usando gestión ágil. Vale la pena saber que Agile no es la única plataforma de gestión de proyectos para desarrollar proyectos de TI o de software.

Tampoco ofrece una manera garantizada de tratar con inconvenientes mientras se emplean o se trabaja con equipos remotos. Sin embargo, el marco de trabajo está únicamente diseñado, y es los suficientemente flexible para tratar con tales inconvenientes de una manera más efectiva, y más fácil.

VISIÓN Y DOCUMENTACIÓN DEL PROYECTO

La visión del proyecto explica las metas y productos del proyecto. La finalidad principal del equipo debería ser entregar el trabajo apoyando la visión de modo que un valor de negocio significativo pueda ser entregado al cliente.

A menudo, los equipos de desarrollo ponen esfuerzos y entregan el trabajo, pero cuando es revisado por el cliente, se descubre que las características desarrolladas n apoyan exactamente lo que el cliente realmente quiere.

Este puede ser un escenario bastante común cuando los equipos no están claros acerca de lo que el proyecto aspira a lograr y porqué existe en primer lugar. Una razón común por la que los equipos pueden no entender la visión podría ser las barreras del idioma (en el caso de los

Aprenda Gestión Ágil de Proyectos Paso a Paso

equipos distribuidos localizados en países diferentes y que hablan idiomas distintos) o la falta de comunicación apropiada por parte del cliente o de la gerencia para explicar los objetivos.

La gestión ágil no hace énfasis en documentación extensiva. En los escenarios de la vida real, la documentación elaborada o extensiva a menudo permanece encerrada en archivadores o reside en estantes para referencias futuras- los equipos raramente se molestan en leerlas completamente puesto que pueden ser grandes en tamaño y se gasta mucho tiempo en leerlas y comprenderlas.

La actitud de la mayoría de los equipos de desarrollo (no pretendo irrespetarlos de ninguna forma) es empezar a trabajar, de modo tal que las fechas de entrega puedan cumplirse. Los equipos generalmente son presionados por el tiempo, así que no se preocupan, o no pueden permitirse pasar horas leyendo la documentación general.

El papeleo es reducido en gran medida por la gestión ágil, y si eliges seguirla, sólo tienes que crear suficiente de documentación para iniciarte con el trabajo. Se da más importancia a entender los requerimientos del cliente y a entregar valor empresarial, en lugar de crear reportes y documentos elaborados.

Además, una de las responsabilidades del propietario del producto en la gestión Ágil es asegurarse de que el equipo comprenda los productos y la visión del proyecto apropiadamente antes de empezar a trabajar.

El propietario del producto también se asegura de que el valor empresarial entregado de los sprints sea útil y concuerde con la visión del proyecto.

MANTENIENDO ESTÁNDARES DE CALIDAD

La calidad y las fechas de entrega son dos de los factores más importantes que afectan y están asociados con el nivel de éxito de un proyecto.

Las características de calidad que cumplen los requerimientos del usuario final tienen que ser desarrolladas dentro del tiempo decidido de modo que pueda ser comercializada apropiadamente y el negocio se recupere de ello.

Aprenda Gestión Ágil de Proyectos Paso a Paso

En el segmento del mercado TI, no sólo es importante hacer software de calidad, sino lanzarlo de manera correcta en el momento correcto y en el lugar correcto (la audiencia de mercado determinada, es decir, los lazos geográficos dentro de los cuales los usuarios finales comprarán tu producto.)

Con el marketing online, estos lazos son virtuales, pero, sin embargo, juega un parte importante al decidir la "audiencia seleccionada" cuando el proyecto es planeado y concebido.

Cuando se externaliza el trabajo a equipos remotos, los aspectos de calidad pueden quedar comprometidos si un proceso de control de calidad o de prueba es fijado como parte del proceso de desarrollo. Pocos equipos de desarrollo se preocupan realmente de probar la regresión del código luego de que es desarrollado, a menos que sea una actividad pre-decidida e integrada con el proceso de desarrollo.

El manifiesto de la gerencia ágil afirma "Nuestra mayor prioridad es satisfacer al cliente por medio de la entrega temprana y continua de software valioso."

Su énfasis en " la entrega temprana y continua de software valioso." Es decir, los productos útiles y valiosos deberían desarrollarse y entregarse al cliente en una base regular.

La gestión ágil se enfoca en la entrega de características "en buenas condiciones". Cada característica debería ser debidamente probada en busca de errores y limpiarla de bugs antes de que su desarrollo pueda ser considerado completo y se le considere desplegable. Los desarrolladores y programadores a menudo sirven como controladores para realizar la parte de control de calidad durante los ciclos de sprint.

La gestión ágil falla si no se desarrollan características "trabajables". Los equipos remotos entrenados en gestión ágil tienen que cumplir las condiciones de prueba establecidas en los criterios de aceptación definidos para cada tarea de desarrollo creadas en la pila de producto (idealmente).

EL ROL DEL SUPERVISOR O DEL GESTOR DE PROYECTOS

Aprenda Gestión Ágil de Proyectos Paso a Paso

Todo proyecto necesita un gerente para supervisar su ejecución y compleción. Es importante para el supervisor o para el gerente del proyecto permanecer disponible para el equipo y resolver problemas e inconvenientes cuando fuese necesario.

Cuando los equipos están ubicados en premisas, se vuelve fácil resolver problemas técnicos puesto que las interacciones cara a cara son posibles y el/la gerente siempre está disponible cuando lo/la necesites.

Este no siempre es el caso con los equipos remotos o distribuidos. Debido a las diferencias horarias, el gerente podría estar terminando el día mientras que el equipo remoto estaría justo a punto de empezar a trabajar.

Los equipos podrían tener que esperar algún tiempo antes de que los problemas sean resueltos, y esto podría retrasar el trabajo más adelante. Las fechas de entrega y los compromisos podrían no cumplirse por lo tanto.

El rol del Maestro de Scrum es claramente definido en el marco de trabajo Ágil. El MS a menudo juega un rol de líder-sirviente, y asesora y facilita el proceso Ágil. El MS se asegura de estar siempre disponible para el equipo y resuelve los fallos cada vez que el equipo se queda atascado.

En la gerencia ágil de proyectos, el Maestro de Scrum es un rol específico jugado por una persona, más allá de una designación o de responsabilidades dadas a un solo un individuo. El rol puede ser tomado por cualquiera en el equipo. En el caso de los equipos distribuidos, un miembro responsable del equipo puede ser entrenado para jugar el rol de Maestro del Proxy Scrum, y se le pueden dar canales de acceso rápido para comunicarse con el MS real o el propietario del proyecto en caso de problemas urgentes.

La persona también funciona como un representante del equipo y crea reportes de retroalimentación diarios que pueden ser estudiados por el cliente, el propietario del proyecto, y por el MS a su conveniencia.

PROPIEDAD Y EMPODERAMIENTO DEL EQUIPO

Aprenda Gestión Ágil de Proyectos Paso a Paso

Los métodos de gerencia de proyecto tradicionales diferencian entre individuos de nivel alto y bajo, y tienen una estructura jerárquica clara que define niveles de autoridad y quien se reporta a quien.

Incluso hoy en día, la mayoría de las organizaciones aún siguen este modelo jerárquico tradicional, y los individuos pertenecientes a diferentes niveles de autoridad permanecen preocupados por sus responsabilidades y su estado de reporte.

A pesar de que este modelo es organizado, toma mucho tiempo para resolver los problemas mientras que el proceso de escalamiento involucra a varios individuos empezando desde el nivel bajo hasta niveles altos.

Además, las personas tienen un tendencia a "pasar" los inconvenientes al personal de nivel alto y dejarles decidir qué hacer después. El Personal Técnico y los empleados de nivel bajo pueden preferir no involucrarse con la toma de decisiones puesto que a menudo se vuelven chivos expiatorios para procedimientos burocráticos.

Aprenda Gestión Ágil de Proyectos Paso a Paso

En el caso de los equipos distribuidos, el escenario puede volverse inclusive peor porque no tienes que tratar sólo con las actitudes burocráticas, sino que los factores del idioma y la distancia pueden hacer al equipo incluso menos responsable por el éxito o la falla del proyecto.

La gestión ágil de proyectos no cree en cambiar responsabilidades o en el escalamiento de problemas. Según el modelo, los equipos son multifuncionales y autogestionados. Cada miembro del equipo a menudo toma tareas adicionales además de las de sus habilidades particulares, reduciendo por lo tanto el número de miembros habilidosos requeridos en el equipo.

No hay niveles altos-subordinados- sólo tres roles primarios que son los del propietario del producto, el maestro de scrum, y el equipo de desarrollo. En lugar de sólo asignar tareas, cada miembro del equipo voluntariamente asume trabajos en base a su experiencia y habilidades.

Uno de los aspectos más importantes acerca de la gerencia ágil es que el equipo tiene que "poseer" el proyecto en nombre del cliente. Eso significa que cada persona es responsable no sólo del trabajo hecho por él o ella, sino de que la contribución general de todos los miembros del equipo es incluso más importante.

El equipo entero es responsable por el éxito o la falla del proyecto- no sólo el propietario del producto, sino cada uno de los miembros del equipo.

CAPITULO 3: GESTIÓN ÁGIL DE PROYECTOS VS GESTIÓN TRADICIONAL DE PROYECTOS

Recomendado por ser la tendencia más caliente en la gestión de proyectos, la gestión ágil ha visto llegar al fin su apogeo. No es un concepto nuevo, la gestión ágil de proyectos ha sido usada en cierto grado en la industria del software por varias décadas, pero sólo ahora está pasando al primer plano como un método trabajable de gerencia de proyectos para otras industrias también.

Usar técnicas de gestión ágil de proyectos no está a miles de millas de distancia de los métodos tradicionales.

Aún haces el mismo trabajo y llegas a la misma meta final, pero con el método ágil, el trabajo tiende a ser más rápido, más productivo y los riesgos tienden a ser disminuidos. Aquí está porqué.

GESTIÓN TRADICIONAL DE PROYECTOS

Este método, también conocido como el método de la cascada, es el más ampliamente usado para la gestión de proyectos a nivel mundial. Típicamente involucra seis pasos claves desde el inicio hasta el final:

1. Requirimientos

2. Diseño

3. Desarrollo

4. Integración

5.   Prueba

6.   Desarrollo

Cada etapa es completada antes de que el equipo entero pase a la siguiente, haciendo que este método secuencial se parezca a una cascada, por ello su nombre.

No todos los proyectos incluyen todas las etapas, y algunos pueden incluir unas pocas más, pero en esencia, esta es la formación de la gestión en cascada de proyectos.

La Gestión de Proyectos tradicional es ampliamente aceptada como valiosa para proyectos pequeños, bien diseñados, pero a veces puede tener dificultades cuando trata con situaciones más grandes y no tan bien definidas.

Está diseñada para el uso en las industrias de manufactura y construcción, dónde los cambios posteriores son imposibles o no son económicos, lo que significa que todo tiene que hacerse en un cierto orden.

Aprenda Gestión Ágil de Proyectos Paso a Paso

GESTIÓN ÁGIL DE PROYECTOS

El método ágil difiere en que todo puede tener lugar en cualquier orden, y no necesariamente se completa secuencialmente. El método confía en la gestión de la interacción humana y trabaja en el proyecto como un conjunto de pequeñas tareas que son definidas y completadas en la medida que crece la de manda.

Los grandes proyectos pueden ser simplemente descompuestos en componentes más pequeños, conocidos como "sprints", y pueden ser abordados por un corto espacio de tiempo hasta que se completan.

En la gestión ágil, el diseño, la prueba, integración y desarrollo son realizados durante cada sprint, lo que hace que la probabilidad de errores sea mucho menor en el proyecto final.

Esto significa que pueden haber cambios mayores hechos a lo largo del tiempo de vida del proyecto, y el producto final podría no ser exactamente lo que había sido concebido al inicio. Será, si se hace bien, relevante, útil y perfecto.

Aprenda Gestión Ágil de Proyectos Paso a Paso

GESTIÓN ÁGIL DE PROYECTOS CONTRA LOS MODELOS DE GESTIÓN TRADICIONAL, ¿CUÁL ES MEJOR?

El método más adecuado para gestionar tu proyecto es algo que tendrás que decidir tú mismo. Dependerá en gran medida del tipo de proyecto que vayas a entregar, así como también de la escala.

Los proyectos que involucran industrias creativas o desarrollo de software se benefician mucho más naturalmente de la gestión ágil que aquellos involucrados en crear productos físicos, pues permiten que se hagan cambios incluso en las etapas más tardías en la entrega del proyecto.

Considera cuán estables son los requerimientos del proyecto. Los proyectos que tienden a sufrir cambios en su resumen o en sus requerimientos responderán mucho mejor a un marco de trabajo de gestión ágil de proyectos, mientras que aquellos con requerimientos de negocio bien definido, y en lo que ciertas etapas tienen que completarse antes de pasar a la siguiente, están mejor adaptados para la gestión tradicional de proyectos.

LA IMPLEMENTEACIÓN ÁGIL HACIENDO GESTIÓN DE PROYECTOS- VUÉLVETE ÁGIL

Las metodologías ágiles fueron originalmente desarrolladas en un esfuerzo para mejorar el proceso de desarrollo de software mediante una aproximación cuya finalidad era minimizar el tiempo, recursos y la incidencia de errores en el producto final.

Tradicionalmente, incluso cambios pequeños en los requerimientos del proyecto podrían molestar a todo el ciclo de desarrollo y sería difícil predecir la calidad del resultado y el tiempo necesario para arreglar cualquier error posible.

Sin embargo, los procesos ágiles ayudaron a reducir el ciclo de vida del desarrollo en ciclos de entrega gestionables en los cuales el producto de software podría ser desarrollado en segmentos funcionales y probado para detectar posibles fallas para asegurar que estaban trabajando como se requiere.

Aprenda Gestión Ágil de Proyectos Paso a Paso

¿CÓMO PUEDEN SER DE AYUDA LAS METODOLOGÍAS ÁGILES?

Este enfoque permitió a los desarrolladores asimilar casi cualquier cambio grande o pequeño en cualquier etapa del proyecto sin afectar la calidad del producto final. De este modo, las funcionalidades del producto podían ser probadas, revisadas y mejoradas antes de entregar el producto final en su integridad.

Esto llevó a reducciones mayores de costo y a que se pasara menos tiempo tomando medidas correctivas en las etapas finales del proyecto, con una eficiencia general mejorada, resultando en una situación de ganar- ganar.

Los gestores de proyectos debían darse cuenta rápidamente de que las metodologías ágiles podían tener aplicaciones en la industria y que al adoptar proceso ágiles en proyectos que no eran de TI, la gestión podría hacerse también mucho más eficiente y económica.

Algunos de los pasos integrales para hacer proyectos ágiles son:

Escanear

Ante la primera señal de cambio, el desarrollo ágil confía en estar alerta ante tendencias emergentes y patrones que puedan ayudar a comprender mejor las nuevas condiciones.

Analizar

Ten en cuenta cualquier información nueva y conocimiento disponible y cambia tus planes consecuentemente. Esto ayudaría a mantener la paz con las condiciones cambiantes y a no retrasarse con las metras de trabajo.

Responder

Luego de identificar las áreas que presentan riesgos y oportunidades potenciales, desarrolla estrategias de respuesta para tomar ventaja de las oportunidades y mitigar los riesgos.

Cambiar

Transformar las políticas y procesos existentes con una visión los hace más inclusivos en términos de los cambios en marcha y mejora la adaptabilidad general del flujo de trabajo como resultado.

Aprenda Gestión Ágil de Proyectos Paso a Paso

La Gestión Secuencial Tradicional de Proyectos, también conocida como Gestión en Cascada de Proyectos, está mejor adaptada para proyectos dónde el nivel de inseguridad es comparativamente bajo y los requerimientos no cambian mucho en la duración del proyecto.

Por otro lado, la Gestión Ágil de Proyectos se desenvuelve bien en asimilar el cambio y explorar diversas soluciones para hacer el desarrollo del proyecto más flexible y superar obstáculos imprevistos en cualquier etapa del proceso de desarrollo.

¿CÓMO FUNCIONA EL DESARROLLO ÁGIL DE PROYECTOS?

La colaboración y la comunicación eficiente tienen la clave de poner en marcha el desarrollo ágil, al traer todos a bordo y ayudar a entender el enfoque incorporado en los procesos ágiles.

El desarrollo de proyectos está dividido en varios segmentos y las tareas están sub-divididas y se asignan segmentos de tiempo más pequeños para completar cada una de estas tareas.

Aprenda Gestión Ágil de Proyectos Paso a Paso

Esto se conoce como desarrollo incremental de proyectos, permitiendo una revisión en cada etapa del desarrollo en lugar de esperar a la compleción del proyecto.

Luego de cada etapa del proyecto, el diseño y funcionalidad de las tareas completadas del proyecto pueden ser evaluadas contra los requerimientos actuales y las mejoras adecuadas pueden hacerse.

Las tareas pueden luego ser re-evaluadas en intervalos regulares y de esta manera, la mejora, innovación y diversificación en términos de soluciones se vuelven la base para el desarrollo de un proyecto en marcha.

Esto lleva a la utilización eficiente del tiempo y de los recursos disponibles y crea un mayor espacio para la experimentación y para explorar alternativas en dónde los enfoques tradicionales no conllevan a resultados satisfactorios.

Estas también son las razones por las que el desarrollo ágil es tan demandado estos días.

Aprenda Gestión Ágil de Proyectos Paso a Paso

Ya sea desarrollo de software, un proyecto de construcción o un proyecto que lleve a la creación de cualquier producto o servicio específico, los procesos ágiles ayuden a mejorar la productividad mientras se trabaja dentro del tiempo y el alcance del proyecto.

Por medio de la adopción de metodologías ágiles, una organización no sólo puede hacer sus procesos más eficientes, sino también mejorar su cultura organizacional como un todo.

CAPÍTULO 4: GESTIÓN ÁGIL DE PROYECTOS, ¿LA FORMA DE TRABAJAR EN UNA ORGANIZACIÓN?

Innovación constante y desarrollo, ambos se requieren para hacer funcionar las cosas en cualquier organización. A lo largo del tiempo, los procedimientos y metodologías de trabajo seguidas por el equipo de desarrollo cambian.

En lugar de desarrollar métodos tradicionales de técnicas de "cascada", están cambiando a la metodología ágil. Los problemas con la tecnología tradicional son varios; el mayor es el de "congelar los requerimientos" luego de que se diseña el proyecto original. Esto hace difícil y caro alterar cualquier cosa luego de que la mayoría del trabajo en un proyecto está hecho.

Aprenda Gestión Ágil de Proyectos Paso a Paso

¿POR QUÉ SE CONSIDERA LA GESTIÓN ÁGIL DE PROYECTOS COMO LA MEJOR?

1.   Los clientes pueden rastrear los cambios

Los días en los que los clientes estaban poco interesados en el proceso de desarrollo se han ido. Hoy en día el tiempo iguala al dinero, dónde ellos quieren que las cosas se hagan de la mejor manera posible y tan rápido como sea posible. Esta tecnología les brinda un conjunto definido de beneficios con los que pueden mantener control total a lo largo del proceso entero.

Puede fijar un marco de tiempo apropiado dentro del cual el proyecto tiene que ser entregado. Se le permite hacer cambios en los requerimientos y prioridades en cualquier momento si lo desea. Esto incrementa la satisfacción del cliente.

2.   Da un retorno rápido a las inversiones

La gestión ágil es el mejor truco para lograr retornos de inversiones más rápidos. Esta metodología no sólo es útil para trabajar para los clientes, sino también para tus propios productos.

Puedes desarrollar un producto por medio de iteraciones y seguir añadiendo más características. Esto puede dar una ventaja adicional a una organización, dónde pueden lanzar un producto con características limitadas y seguir añadiendo las características Premium luego.

3.   Mantiene bajos los niveles de riesgo

La retroalimentación regular desde la perspectiva de los clientes es una forma genial de reducir el riesgo del mercado. Obtener un feedback oportuno de clientes prospectos puede ayudar a hacer un mejor producto y a reducir el riesgo si no se cumplen sus expectativas. El proyecto es fácilmente accesible para los clientes durante su ciclo de vida. Incluso si el cliente quiere hacer una cancelación en las etapas tempranas, puedes manejar fácilmente esto. Por lo tanto, imparte mejor accesibilidad y visibilidad a los clientes para tomar decisiones correctas.

4.   Mejores procesos de gestión

La metodología ágil aumenta los beneficios para el equipo de gestión en una organización. Como el proceso de desarrollo entero es bastante predecible, hay una buena oportunidad para una mejor fuerza de trabajo de gestión. La relación entre los clientes y los miembros del equipo también mejora, lo que crea mejores prospectos futuros.

5.   Calidad de Producto Mejorada

Las metodologías ágiles generalmente resultan en productos de la mejor calidad. Cuando los expertos y clientes están en contacto constante, los clientes pueden preguntarles siempre a los expertos acerca de la mejor tecnología posible que puede ser seguida.

Los equipos de desarrollo multidisciplinarios que incluyen desarrolladores, ensayadores, programadores, analistas, y escritores trabajando juntos en un mismo equipo. Sus esfuerzos cooperativos automáticamente resultarán en el producto más confiable y de mejor calidad.

La metodología ágil brinda una manera nueva y extremadamente productiva para manejar proyectos. Aumenta la calidad mejorada y disminuye los niveles de riesgo. Rompe todas las reglas del desarrollo tradicional sin comprometer la velocidad y la seguridad.

La mejor parte de la metodología ágil es que mantiene a todos los que trabajan en el proyecto felices, ya sea el cliente o la organización.

CONSIDERA UNA COMPAÑÍA ÁGIL DE SOFTWARE PARA TUS NECESIDADES

La compañía ágil de software ha crecido y se ha levantado en el mercado hoy en día. Ha traído más enfoque al desarrollo ágil de software, dónde los métodos para el desarrollo de software están agrupados y basados en el desarrollo iterativo e incremental.

Es de gran importancia puesto que con el uso de este software, ha mejorado y promovido la planificación adaptativa.

Están con la meta de cómo hacer más inversiones, atrayendo más clientes al uso de adoptar el software ágil, para mejorar la efectividad de entrega.

La compañía también ha traído el desarrollo evolucionario y la efectividad de entrega, la cual es cronometrada como el enfoque interactivo y alienta a una respuesta rápida y flexible al cambio.

Aprenda Gestión Ágil de Proyectos Paso a Paso

Desarrollan soluciones de gestión de la cadena de productos, con el uso del software ágil, permitiendo por ende a los fabricantes y socios involucrados en el negocio hacer productos mejores y más rentables, de una forma más rápida y eficiente.

Tiene un manifiesto que tiende a guiar a la organización entera, en brindar e inventar mejores formas de desarrollar el software. Al hacer esto, las compañías son capaces de involucrar formas estratégicas de desarrollo del software de varias maneras, como al brindar entrenamiento a los clientes ágiles y a otras compañías en la utilidad del software.

El coaching es otro método, usado por muchas otras compañías ágiles de software, para pasar la información, o más bien el uso ventajoso de la gestión ágil como un recurso de TI. La industria ágil es capaz de brindar consultoría en un modo de ayudar a otras compañías de software, así como también clientes, para apoyar la gestión ágil y por lo tanto adoptar los cambios traídos por el software al mercado de TI hoy en día.

Aprenda Gestión Ágil de Proyectos Paso a Paso

Hay pasos involucrados en el proceso de desarrollo de software, los cuales son considerados por la compañía para ser formas de construir y modificar más el software.

Los métodos ágiles incluyen el modelado ágil, el proceso ágil unificado; conocido por sus siglas inglés como AUP, el método de desarrollo dinámico de sistemas, le proceso esencial unificado, programación extrema, desarrollo movido por características, el proceso abierto unificado, scrum, y rastreo de velocidad.

Estos métodos son más bien los más usados y preferidos, debido a que los procesos involucrados son bastante eficientes para el avance del software ágil.

El software ágil tiene un soporte de desarrollo de ciclo de vida, de cómo llegó a estar en existencia; esto se explica mejor por el uso de métodos ágiles, los cuales tienden a enfocarse en diferentes aspectos para producir el software. Con el uso de este ciclo, la gestión ágil a producido las soluciones que tienden a dirigir la innovación de producto, y el proceso de introducción.

Aprenda Gestión Ágil de Proyectos Paso a Paso

El enfoque ha sido mantenido por la compañía de software ágil en las prácticas tales como programación extrema, programación pragmática, modelado ágil, entre otras; la compañía también se ha enfocado en la gestión de proyectos de software o más bien el scrum.

Entre los métodos usados para desarrollar software ágil, hay enfoques que tienen a dar cobertura total, mientras que otros están adaptados para requerimientos en una fase específica del ciclo de vida del desarrollo del software.

La medida de cuantificación del software ágil ha sido un problema, por ende, muchos enfoques han sido creados para medir su cantidad.

La aplicación práctica de cuantificar el software ágil aún no ha sido vista, pero con el índice de medida de agilidad propuesto, los proyectos de puntaje han sido logrados por una cantidad de factores tales como la duración, el riesgo involucrado, la novedad, el esfuerzo y también la interacción.

Con el uso de esta y otras técnicas involucradas, la compañía de software ágil ha basado todo esto en metas medibles, así como también en el uso de autoevaluaciones, para determinar si otro grupo usa

prácticas ágiles.

CAPÍTULO 5: PRINCIPIOS ÁGILES Y SCRUM

Muchas compañías de desarrollo de software están esforzándose para volverse más ágiles y el Scrum es la palabra de moda del momento.

El problema es que algunas compañías o equipos quieren adoptar Scrum sólo porque leyeron acerca de él en internet y están seguros de que si es un marco de trabajo ágil sencillo debe ser muy fácil de usar. Además, ¿Quién no quisiera ser más ágil en estos días?

Algunas personas empiezan a usar Scrum a pesar de que no saben casi nada acerca de Scrum. Sí, todos saben que Scrum trata acerca de que tienes que trabajar en algunas iteraciones llamadas "Srpint".

Y al final del proyecto, están muy decepcionados porque el proyecto no fue tan exitoso como esperaban. Esto se debe a que el Scrum es dramáticamente diferente del desarrollo secuencial tradicional.

Aprenda Gestión Ágil de Proyectos Paso a Paso

Cada miembro del equipo Scrum debe estar familiarizado con el principio básico de Scrum.

Aquí está el primer principio:

- Nuestra mayor prioridad es satisfacer al cliente por medio de la entrega temprana y continua de software valioso.

- Al inicio del nuevo proyecto, tienes que responder la gran pregunta, ¿qué estamos creando exactamente? La respuesta corta es que debes construir el software que va a ser de valor para el cliente y que va a satisfacer sus necesidades. Pero en la realidad, no es tan sencillo lograr eso.

En el desarrollo secuencial de proyectos, empezarías primero con una larga fase inicial de recolección de requerimientos.

El resultado de esta fase serían cientos de páginas de documentación detallada de requerimientos, dónde todas las características son igualmente importantes. Vamos a afrontarlo, al cliente no le importan los documentos y los diagramas UML y es difícil obtener la información correcta del cliente y ponerla en el papel.

Aprenda Gestión Ágil de Proyectos Paso a Paso

Sólo quieren obtener el software que maximice el valor añadido de su negocio y n saben exactamente cuál es ese valor el primer día del proyecto.

Hay una gran probabilidad de que hayan algunas decepciones del lado del cliente cuando el software sea presentado por primera vez al final del proyecto, a pesar de que el software funcione como se describe en la documentación.

Hay una historia totalmente distinta con los equipos Scrum que adaptan la entrega temprana y continua de software valioso, ya que el cliente está involucrado a lo largo de la duración del proyecto.

Es así como puedes obtener feedback temprano del cliente y requerimientos emergentes valiosos. El equipo Scrum documenta todas las características en una pila de producto, la cual es una lista maestra de toda funcionalidad deseada que aún no está en el producto. La pila de producto también es conocida como la lista de características priorizadas, y la prioridad se asigna en base a los objetos de mayor valor para el negocio, o según el que ofrezca el valor y retorno de inversión más temprano.

El propietario del producto tiene que revisar la pila del producto continuamente porque los objetos son añadidos, removidos y se les asigna una nueva prioridad en cada sprint, mientras más se aprende acerca del producto que se está desarrollando.

El resultado es que los objetos más importantes y de mayor prioridad son implementados primero porque están en la cima de la pila del producto.

PRINCIPIOS DE GESTIÓN DE PROYECTOS

Los principios clave se basan en el marco de trabajo de la gestión de proyectos, están diseñados para mejorar la probabilidad de que tu proyecto tenga éxito.

1.   Justificación de la Empresa: todo proyecto debería conllevar a un retorno de inversión que valga la pena. En otras palabras, tenemos que entender los beneficios que traerá un proyecto particular, antes de comprometernos en cualquier gasto significativo.

Durante el ciclo de vida de un proyecto, sin embargo, las circunstancias pueden cambiar rápidamente. Si en algún punto se vuelve claro que un retorno de inversión ya no es factible, entonces el proyecto debería ser desechado y no se debería malgastar más ningún dinero.

2.   Roles y responsabilidades definidas: todos los que trabajan en el proyecto deben entender la naturaleza de su compromiso: ¿de qué es responsable cada persona, y ante quien son responsables? Sin roles y responsabilidades claros, nadie sabrá precisamente lo que se supone que tiene que estar haciendo (y todo el mundo pasará de la responsabilidad ante la primera señal de problemas).

En dicho ambiente caótico, el progreso del proyecto estará seriamente jerarquizado.

3.   Gestiona por excepción: los patrocinadores del proyecto deberían evitar atascarse mucho en el correr diario de los proyectos y, en su lugar, permitir al gestor del proyecto concentrarse en esa área.

La micro-gestión por un patrocinador es un obstáculo, no una ayuda.

Los patrocinadores del proyecto deberían fijar lazos claros para el costo y el tiempo, con los cuales el gestor debería trabajar.

Si él o ella no puede brindar los productos acordados dentro de estas limitaciones, los asuntos deben cederse al patrocinador para tomar una decisión.

4.   Gestiona por etapas: descompón el proyecto en segmentos más pequeños o etapas. Cada etapa marca un punto en el cual el patrocinador del proyecto tomará las decisiones claves.

Por ejemplo, ¿Aún vale la pena el proyecto? ¿Son aceptables los riegos? Dividir el proyecto en etapas, y comprometerse con una etapa a la vez es una aproximación de bajo riesgo que permite al patrocinador gestionar por excepción.

5.   Enfócate en los productos: es vital que los clientes piensen cuidadosamente en los productos que requieren antes de que el proyecto inicie.

Cuanto más claros puedan estar acerca de sus requerimientos, más realistas y logrables son los planes que pueden producirse. Esto hace que gestionar el proyecto sea mucho más fácil y menos riesgoso.

6.   Aprende de la experiencia: no te arriesgues a competer los mismos errores en cada proyecto; considera por qué ciertos aspectos fueron bien o mal, luego incorpora las lecciones aprendidas en tu enfoque para tu siguiente proyecto.

Los humanos tienen un capacidad increíble para aprender, pero cuando se trata de repetir errores cometidos durante proyectos previos, todos fallamos a menudo en aprender las lecciones.

7.   Adáptate para encajar con el ambiente: cualquiera que sea la metodología de gestión de proyectos o marco de trabajo que prefieras, debe estar adaptado para ajustarse a las necesidades de tu proyecto.

En lugar de seguir ciegamente una metodología, el gestor del proyecto debe ser capaz de adaptar los procedimientos para lograr las demandas del trabajo a la mano. La forma en la que planificas para un proyecto de dos semanas es diferente de cómo planificas para un proyecto de dos años.

Estos principios de gestión de proyectos discutidos pueden ser aplicados universalmente, sin importar el idioma, la geografía o la cultura.

Estos principios han sido probados en la práctica durante muchos años; apégate a ellos, en lugar de luchar sin una estrategia coherente, y tendrás una mayor oportunidad de que tu proyecto tenga éxito.

CAPÍTULO 6: TÉCNICAS ÁGILES DE DESARROLLO DE SOFTWARE

Manejar tus proyectos de software con el plazo de entrega más rápido posible se requiere para el desarrollo ágil de software. Esta es la forma más avanzada de proceso de software involucrado.

La necesidad del momento es emplear métodos innovadores para la creación de herramientas de programación.

Alcanzar una mayor productividad y mejorar la calidad en el flujo de trabajo. La gestión de productos está involucrada en el análisis, diseño, y desarrollo, en la prueba y la implementación del proyecto.

Hay una necesidad de colaboración abierta que da alcance para la comunicación abierta. Los clientes deben ser actualizados respecto al proyecto en una base regular para entender los defectos en la etapa incial misma. Esto permite resolver los problemas técnicos en la etapa de conceptualización misma.

Aprenda Gestión Ágil de Proyectos Paso a Paso

Con el desarrollo ágil de software, hay suficiente alcance para el cambio en la especificación del proyecto, incluso en la última etapa.

Organizar conferencias por llamada, enviar reportes semanales acerca del estado del proyecto, seguir el proyecto y actualizar los planos, y la implementación de estrategias innovadoras de marketing involucran una buena visión de las técnicas modernas de gestión de proyectos.

Haz reuniones para supervisar el producto en cada etapa de desarrollo. Mantén abiertos tus canales de comunicación e incorpora los cambios solicitados. Deshazte de las fallas en la etapa inicial misma.

ETAPAS IMPORTANTE DEL DESARROLLO DE PROYECTOS

- Fabricar un producto

- Posicionarlo

- Marca

- Observación cercana de cómo funciona

- ModificaciónAntes de comercializar tu herramienta de software, debes entender a tus competidores. Compara sus productos con los tuyos y actualízalos antes de lanzarlos al mercado.

La conceptualización del lanzamiento de tu proyecto es vital para el éxito del lanzamiento. Entiende donde está tu mercado y aventúrate en él. Gana información competitiva y obtén una ventaja sobre el resto.

USANDO TÉCNICAS DE DESARROLLO ÁGIL DE SOFTWARE PARA TU ÉXITO

Varias metodologías empezaron a surgir a finales de los 90 y por ende estimularon la atención pública, particularmente para desarrolladores de software. Varias combinaciones fueron formuladas a partir de viejas ideas, nuevas ideas, y viejas ideas transmutadas en cada metodología. Antes de eso, todas enfatizaban la colaboración cercana entre el equipo de programadores y los expertos en negocios; la comunicación cara a cara (como algo más eficiente que la comunicación por escrito); la entrega frecuente de nuevo valor empresarial desplegable; equipos herméticos auto-organizados; y formas de crear el código y el equipo, de modo tal que las mezclas inevitables de requerimientos no fuesen llevadas a crisis. En relación elaborada a partir de esos detalles mencionados, el Desarrollo Ágil de Software revela mejores maneras de desarrollar software al hacerlo y ayudar a otros a hacerlo. Tales principios o valores están siendo extraídos así:

- Individuos e interacciones sobre procesos y herramientas ágiles

- Trabajar el software sobre la documentación general

- Colaboración del cliente sobre la negociación de contrato

Subsecuentemente a la información del Manifiesto Ágil. El grupo de metodologías de desarrollo de software basadas en desarrollo iterativo, dónde los requerimientos y soluciones evolucionan por medio de la colaboración entre equipos auto-organizados y multifuncionales.

El dicho desarrollo ágil generalmente promueve el proceso de gestión disciplinada del proyecto, que tiene los siguientes parámetros:

Aprenda Gestión Ágil de Proyectos Paso a Paso

- Inspección y adaptación frecuente

- Filosofía de liderazgo que promueve el trabajo en equipo

- Auto-organización y responsabilidad

- Conjunto de mejores prácticas de ingeniería; lo cual permite la entrega rápida de software de alta calidad.

- Alinea el desarrollo con las necesidades del cliente y las metas de la compañía como un enfoque de negocios

Mientras se desarrollan muchos estudios e investigaciones para el mejoramiento del mundo de la tecnología e información, los métodos de desarrollo ágil han crecido técnicamente en cantidades.

Por lo tanto, promueven mayoritariamente con el desarrollo de iteraciones, el trabajo en equipo, la colaboración, y el proceso de adaptabilidad a lo largo del ciclo de vida del proyecto.

Los métodos mencionados son muy eficientes y organizados, donde descomponen las tareas en pequeños incrementos con planificación mínima, y no involucran directamente la planificación a largo plazo.

Aprenda Gestión Ágil de Proyectos Paso a Paso

Las iteraciones son marcos de tiempo cortos, tales como las "cajas de tiempo" (time boxes en inglés), que típicamente duran de una a cuatro semanas.

Cada iteración involucra a un equipo trabajando en un ciclo completo de desarrollo de software, incluyendo la planificación, el análisis de requerimientos, diseño, codificado, ensayo o prueba de la unidad, y la prueba de aceptación cuando un producto elaborado es mostrado a las partes interesadas.

Por ende, ayuda absolutamente a minimizar el riesgo general y permite que el proyecto se adapte a los cambios rápidamente. Los participantes producen la documentación como se requiera. Su meta es tener una entrega disponible luego de cada iteración, puesto que se espera que muchos de ellos (productos o nuevas características) sean lanzados más adelante, respecto al hecho de que una sola iteración puede no añadir suficiente funcionalidad para garantizar un lanzamiento garantizado al mercado.

En relación acercad e la colaboración entre equipos multifuncionales y auto-organizados mencionada hace un momento; la composición de un equipo en un proyecto ágil es usualmente de aquellas que ya fueron mencionadas, sin consideración por cualquier jerarquía corporativa existente o por los roles corporativos de los miembros del equipo. Los miembros del equipo normalmente toman la responsabilidad por tareas que entregan funcionalidad que requiere una iteración.

Ellos deciden individualmente cómo cumplir los requerimientos de una iteración.

Los métodos en esto hacen énfasis en la comunicación cara a cara por sobre los documentos escritos, cuando el equipo está en una misma ubicación.

Cuando un equipo trabaja en distintos lugares, mantienen contacto diario por medio de videoconferencias, llamadas de voz, correo electrónico, etc.

Las herramientas ágiles están siendo creadas para ayudar a los equipos de desarrollo en su búsqueda infinita de las herramientas correctas y esenciales para el desarrollo de software.

Las herramientas ágiles son las siguientes:

Aprenda Gestión Ágil de Proyectos Paso a Paso

1.   JIRA Studio como una suite de desarrollo alojado

Junta los productos de Atlassian para brindarte gestión ágil de proyectos, seguimiento de problemas, colaboración wiki, análisis y revisión de código fuente, además de subversión para mejorar la planificación de lanzamiento, la comunicación de equipo, y la recolección de feedback del cliente.

Útil para: el Desarrollador, líder de equipo, y el gerente del producto

Diseñado para: Planificar, Feedback rápido y para recibir el feedback del cliente

2.   JIRA+ Green Hopper para la gestión ágil de proyectos

Cuando se le junta con el plug-in Green Hopper, JIRA es la base de una poderosa plataforma ágil para los desarrolladores, para planificar lanzamientos, recoger el feedback, rastrear problemas y gestionar el estado del proyecto.

Útil para: el Desarrollador, Líder de Equipo, y el Gestor del Proyecto

Aprenda Gestión Ágil de Proyectos Paso a Paso

Diseñado para: planificación ágil, obtener el feedback del cliente y monitorear el desempeño del equipo

3.   Confluence para colaboración ágil

Diseñado para ayudar a los desarrolladores a planear requerimientos, a colaborar con los cambios y mostrar métricas.

Útil para: Desarrolladores (blogging interno con peers), escritores técnicos (desarrollo de documentos) y gerentes de productos (colabora con los requerimientos y los bosquejos de Balsamiq)

Diseñado para: planificación (problemas macro de PRDs y JIRA), feedback rápido (cambios de documentación, RSS +Dashboards) y las métricas del desempeño del equipo (problemas macro de JIRA + Bamboo builds plug-in)

4.   Fisheye para análisis de código

Con la visión de FIsheye en un repositorio de código fuente, los desarrolladores ágiles pueden encontrar el código rápido, ser notificados acerca de cambios relevantes al código y recibir métricas útiles del desempeño del equipo.

Útil para: Desarrolladores (para encontrar códigos rápido), Líderes de Equipo (métricas acerca del equipo y de cada desarrollador) y Líderes Técnicos (RSS para una rama)

Diseñado para: feedback rápido y métricas del desempeño de equipo5.

Bamboo para integración continua

Los desarrolladores ágiles usan la integración continua para obtener el máximos de sus pruebas de unidades. Configura Bamboo para obtener feedback instantáneo del impacto de cada cambio y monitorear las métricas.

Útil para: Desarrolladores (aprender acerca de sus cambios tentativos), Líderes de Equipo (para obtener estadísticas rápido) y Ensayadores (para realizar la integración y pruebas de desempeño de manera temprana en el juego)

Diseñado para: Prueba temprana y frecuente (CI Whitepaper) feedback rápido (IM de dos vías) y métricas del desempeño del equipo

6.	Clover para la cobertura de código

La última herramienta de cobertura de código Java para el desarrollo ágil, Clover evalúa de forma precisa el impacto en tus pruebas y te notifica de las faltas de cobertura de tu prueba(o ensayo) antes de que sea muy tarde.

Útil para: Desarrolladores y ensayadores

Diseñado para: Prueba temprana y frecuente y feedback rápido

7.   Crucible para revisiones de código

Integra la revisión de código peer directamente en tus hábitos de trabajo. Los desarrolladores ágiles usan Crucible para obtener feedback oportuno en su código y mantener las métricas y un registro de auditoría.

Útil para: Desarrolladores (Revisión distribuida), Líder de Equipo (lleva a los desarrolladores a aprender el uno del otro) y para el Técnico en Jefe (obtiene métricas del registro de auditoría en quién hizo qué y porqué)

Diseñado para: Prueba temprana y recuente (revisiones antes de los cambios tentativos), feedback rápido (revisión de notificaciones),Métricas de desempeño (reportes y registro de auditoría)

8.   Pyxis- creadores de Green Hopper

Impartido por los entrenadores certificadios y practicantes con experticia industria, el programa de entrenamiento Pyxis brinda técnicas efectivas por medio de ejercicios prácticos y discusiones grupales para incrementar tu conocimiento de la Agilidad y ayudar a tu equipo de desarrollo de software a crear el software correcto.

Útil para: Desarrolladores, Líderes de Equipo, Maestros de Scrum, Gerentes de Producto, y Propietarios de Producto

Diseñado para: Perfeccionar las prácticas de ingeniería ágil de software y desarrollar prácticas innovadoras de gestión de proyectos.

Las herramientas ágiles dadas son algunas de las pocas herramientas que están siendo brindadas de parte de desarrolladores de Desarrollo Ágil de Software, brindadas por internet. Algunas herramientas varían acordemente, dependiendo de sus usos, los cuales se dicen que están

bien probados.

CAPÍTULO 7: PROBLEMAS AL IMPLEMENTAR ÁGIL

Ágil es una metodología excelente de desarrollo, reactiva a los cambios de negocio con un plazo rápido y resultados altamente visibles. El concepto está en uso amplio, particularmente en el desarrollo de software, pero habiendo implementado ágil casi desde el comienzo de la Programación Extrema.

Hemos visto surgir problemas relacionados a personas estando en equipos ágiles por períodos extensos de tiempo. Estos pueden mitigarse o inclusive evitarse totalmente si sabes qué buscar.

1.   El Burnout es el síntoma más prevalente de Ágil: la paz de un proyecto ágil es inexorable. A diferencia de la metodología de cascada y metodologías de desarrollo asociadas, hay muy pocos momentos para que los miembros del equipo tengan un descanso y celebren los hitos.

Para ayudar a combatir el burnout, intenta algunas de estas técnicas:

- Fija las metas de tu propio equipo, publicítalas, y celebra cuando las logres

- Cambia a las personas entre los equipos cada vez que sea posible para cambiar el escenario, para hablar

- Reporta y celebra las pequeñas victorias

- Fija una iteración o sprint "bajón" periódico, en el cual todos puedan trabajar en algo que les gustaría hacer (o rotar la habilidad entre los miembros del equipo). Obtendrás algunas investigaciones interesantes, algo que esperar de los miembros del equipo, y descansar mientras aún trabajan.

2.   El serpenteo ocurre cuando las personas inician tareas/ historias de usuario, pero no las terminan. Pueden inclusive acordar las metas para el día y terminar trabajando en algún bug interesante que estaba muy abajo en la lista de prioridades. A veces, esto está relacionado con el burnout, a veces, lo ves cuando el gestor del

proyecto o el Maestro de Scrum está lejos durante un rato, y a veces simplemente las personas están aburridas y distraídas.

La mejor solución es tener una regla rápida y dura acerca de tomar más de un cierto número de historias de usuario (usualmente 1, no más de 2) a menos que una de las historias asociadas haya sido bloqueada oficialmente. Para hacer cumplir la regla, el gestor del proyecto o Maestro de Scrum tendrá que desasignar las historias de usuarios ofensivas (pasado el límite) tan pronto como sean recogidas, para regresar a las personas al camino correcto.

3. El estancamiento se materializa cuando las personas quedan tan absortas en la naturaleza corta de las historias de usuarios del sprint, que no mejoran sus habilidades o adquieren nuevas (habilidades difíciles y/o habilidades suaves). Busca cuidadosamente el estancamiento, puesto que puede ser un poco difícil de detectar. Asigna periódicamente historias de usuario que fuerce las habilidades de un miembro del equipo, incluso si hay alguien más en el equipo que ya tenga las habilidades.

Aprenda Gestión Ágil de Proyectos Paso a Paso

Crea algunas historias de usuario "administrativas" para retirar personas y que de este modo desarrollen una nueva habilidad que pudiera necesitarse en las próximas historias de usuario (a las personas le gusta usar sus nuevas habilidades y tu proyecto podría sacar algo bueno). Finalmente, pregunta periódicamente en reuniones acordadas o en reuniones diarias qué nuevas tecnologías, técnicas, o procesos piensan los miembros del equipo que podrían tener un lugar en proyecto o que podría valer la pena probar o evaluar.

Los turnos diarios de stand-up pueden volverse un fastidio. Esto puede tomar un poco más de trabajo por parte del gestor del proyecto o del Maestro de Scrum. Primero, asegúrate de mantener la reunión lo más corta posible-es un stand-up por alguna razón. Si dura más de 15 minutos está mal.

La agenda es bastante fija- qué terminaste, qué planeas, cuáles son tus obstáculos, así que no te desvíes de la agenda (acuerda reuniones por separado si es necesario, de modo que no se vuelva confuso). Si dos personas tienen que discutir una estrategia o un obstáculo, retíralos para que lo hagan luego de la reunión (no uses el tiempo del equipo entero). Si alguien se toma mucho tiempo todos los días, habla en privado con esa persona y dile que haga más corta su parte.

Puedes tener que programar algo un poco más largo una vez por semana si tienes un equipo que quiere tratar problemas del proceso, etc., más a menudo que una vez por iteración, pero haz primero la parte de stand-up de la reunión para evitar cualquier confusión acerca del formato.

Aún más importante, haz que la reunión sea divertida cada vez que puedas. Trae algo de comer, empieza con un chiste, y entrega pequeños premios.

Podrías encontrar un movimiento secreto en la cascada. Cuando esto sucede, todo el mundo sigue trabajando dentro de la estructura ágil general, y el equipo a menudo no comprende lo que está sucediendo.

Los síntomas incluyen historias de usuario que se arrastran de un sprint a otro, historias de usuario que son muy grandes o están descompuestas inapropiadamente, falta de o uso impropio de EPICs (o Procesamiento de Instrucciones Explícitamente en Paralelo), y organizaciones de Prueba o Control de Calidad retrasadas debido a que se les da mucha funcionalidad de una vez. No dejes que el equipo te haga esperar hasta la próxima gran función, porque es mucho problema o retraso trabajar para resolver el problema inmediatamente.

CAPÍTULO 8 INDICADORES PARA AYUDARLE A SABER SI USTED ES "ÁGIL" O NO

Sería maravilloso saber más acerca de estas versiones, pero una pregunta básica siempre sigue surgiendo- ¿El cliente está siguiendo realmente la gestión ágil en un sentido verdadero? ¿Eres un seguidor acérrimo de la gestión Ágil o ScrumBut? Quizás, sería más valedero cerciorarse de si tú o tu cliente están siguiendo de hecho la metodología ágil en primer lugar, dejando otras versiones disminuidas de la metodología ágil.

AQUÍ HAY UN PAR DE INDICADORES PARA AYUDARTE A SABER SI ERES "ÁGIL" O NO.

Aprenda Gestión Ágil de Proyectos Paso a Paso

1.   ¿El desarrollo se lleva a cabo por medio de iteraciones?

No hay necesidad de decirlo, el propósito principal de implementar el marco de trabajo ágil es beneficiarse por medio de los incrementos de producto de una forma consistente. Nadie puede afirmar que está siguiendo la metodología Ágil si el proceso de desarrollo de su proyecto no apoya incrementos regulares de producto al final de los sprints.

Además del desarrollo iterativo, la implementación Ágil debería también apoyar la colaboración dinámica- la compartición de feedback e información entre el propietario del producto, el maestro de scrum, el líder de equipo, y las partes interesadas. El desarrollo iterativo y la naturaleza colaborativa son marcas de la metodología ágil, y es casi esencial para las organizaciones apoyar estas características si afirman ser Ágiles.

2.   ¿Pueden incorporarse cambios durante el ciclo de desarrollo del producto?

Una de las razones principales por las que la gente opta por Ágil es su habilidad de incorporar cambios en la definición del producto, incluso mientras el proceso de desarrollo del producto está ocurriendo.

Es una característica de venta única de todos los marcos de trabajo Ágiles y es sinónimo de desarrollar un proyecto mientras aún se mantiene su valor empresarial- en todo momento. Sin importar los cambios que tomen lugar en el mercado- ya sean grandes o pequeños- el proceso de desarrollo del proyecto debería tener, y retener, su capacidad para cambiar dinámicamente la funcionalidad desarrollada, y brindada, por las características del producto siempre y cuando sea necesario. Los proyectos Ágiles deberían apoyar esta característica.

3.   ¿Puede realizarse el desarrollo en "bits y piezas" en lugar de "como un todo"?

¿Quizás lo que hace a los marcos de trabajo Ágiles tan únicos son sus estructuras iterativas que apoyan sprints diarios? En Scrum o XP, el desarrollo del producto es realizado en la forma de sprints diarios. Los eventos especiales son sostenidos para planear el sprint (la reunión de planificación del sprint) y asegura que los incrementos aceptables y

Aprenda Gestión Ágil de Proyectos Paso a Paso

apropiados del producto sean avalados al final de los sprints (revisiones de sprint y retrospectivas).

El desarrollo realizado en "bits y piezas" debería resultar en una funcionalidad apta para entregar (historias de usuario exitosamente desarrolladas), y debería también ser aceptable para los propietarios del proyecto (partes interesadas). El desarrollo consistente "de tamaño pequeño", el cuál es libre de bugs, debería tener la capacidad de integrar después de una forma funcional correcta para formar el producto "completo"- un eufemismo que dice" El desarrollo de piezas para luego ser integradas para formar el producto real."

Hoy en día, las organizaciones no sólo están limitadas a usar versiones tradicionales de marcos de trabajo Ágiles. Estas son variantes sutiles, las cuales pueden ser movidas hacia arriba o hacia abajo dependiendo de la necesidad, y las cuales pueden ser "adaptadas" para cumplir las necesidades únicas de desarrollo de proyecto de intereses empresariales.

Puede no ser posible afirmar o definir el conjunto exacto de parámetros que debería satisfacer una metodología de gestión de proyectos, o un marco de trabajo, para considerarse ágil, puesto que la gestión ágil consiste en la "inspección" y "adaptación.

La esencia principal de la metodología Ágil yace en su habilidad de cambiar en sí, su funcionamiento, y amoldarse para encajar con las necesidades específicas relacionadas al desarrollo, según sea el caso.

CAPÍTULO 9: MANIFIESTO ÁGIL Y PRINCIPIOS

Todo negocio tiene un potencial para crecer y expandirse por medio de prácticas de desarrollo ágil. Las prácticas ágiles permiten a los desarrolladores de software dividir un gran proyecto en varios módulos.

Los desarrolladores abordan cada módulo por vez mientras se aseguran de que sea completado dentro de un periodo presente. Luego de la compleción de cada módulo, se solicita al propietario del software verificar si el módulo de software completado es usado.

Las prácticas ágiles son preferidas antes que los métodos de desarrollo de software tradicionales que requieren un equipo de desarrolladores en casa para hacer el proyecto hasta que se termine.

Estos enfoques tradicionales no involucran al propietario del proyecto hasta que la obra sea terminada. Por lo tanto, permiten que se cometan errores costosos. Debido a la inseguridad de estos métodos, las organizaciones grandes y pequeñas están acudiendo a los desarrolladores ágiles en busca de ayuda.

Hoy en día, varias empresas cumplen sus metas de creación de software por medio de prácticas de desarrollo ágil. Los proyectos que demandan velocidad extra o experticia tecnológica generalmente son asignados a equipos de desarrollo internos o externos.

Estos equipos son preferidos sobre los desarrolladores propios cuando tiene que realizarse un proyecto urgente de manera creativa y precisa.

Estos equipos son compañías remotas que no involucran un cliente en persona. Usan los últimos métodos de comunicación por internet para contactarse con su cliente hasta que el proyecto de desarrollo de software termine.

Estos métodos de comunicación incluyen Skype, mensajerías instantáneas y conversaciones por correo electrónicos y mensajes. La comunicación efectiva es un componente vital de las prácticas de desarrollo ágil.

Aprenda Gestión Ágil de Proyectos Paso a Paso

Une a los equipos de desarrollo y a los clientes sin importar la gran distancia entre ellos. Las prácticas ágiles se basan en las estipulaciones del Manifiesto Ágil.

El manifiesto fue creado por un grupo de programadores creativos y talentosos tales como Jeff Sutherland y Ken Schwaber. Estas dos personas contribuyeron a lanzar la famosa metodología Scrum.

Otros defensores del Manifiesto Ágil incluyen a Ron Jeffries, Kent Beck, y Ward Cunningham. Ellos inventaron la metodología de Programación Extrema. Sus siglas inglés son XP, la Programación Extrema fue creada para los programadores que trabajan cara a cara con sus clientes.

Tiene muchos principios y algunos de ellos incluyen planificación de juego, entregas pequeñas con elementos de alto valor, metáforas, simplicidad, refactorización, programación en parejas, pruebas y desarrollo sostenible.

La metodología XP hace énfasis en el involucramiento del cliente también. Los clientes son llamados para revisar las funciones y capacidades del software producto, mientras que el trabajo de desarrollo continúa.

La metodología Crystal también es mostrada en el Manifiesto Ágil. Crystal fue creado por Alistair Cockburn y se refiere a la agrupación de técnicas que Alistair creó para eliminar una anomalía llamada ingeniería de software. Las bases de las prácticas de desarrollo ágil de Crystal es la comunicación efectiva y los equipos grandes. A pesar de que hay otras metodologías, la anterior es bastante popular entre los desarrolladores.

Para asegurarse de que las prácticas apropiadas son seguidas cuando se desarrolla software, uno debería empezar por escoger el programador correcto.

Este es un programador que está bastante familiarizado con proyectos ágiles y puede ofrecer prueba de experiencia anterior.

CAPÍTULO 10: METODOLOGÍA DE SOFTWARE ÁGIL

La metodología ágil fue introducida por primera vez en Febrero de 2001 por medio del Manifiesto Ágil, un documento creado por un grupo de desarrolladores que se reunieron en Snowbird, Utah, para discutir los principios tras la manera de desarrollar software ligero.

Desde entonces, la Metodología Ágil ha crecido y ha sido ampliamente adoptada por los equipos de desarrollo de software y por compañías de todo el mundo.

Cuando discutimos las Metodologías Ágiles, debemos mencionar también a Scrum, al Desarrollo Esbelto de Software, Kanban, Método de Desarrollo de Sistemas Dinámicos (DSDM por sus siglas en inglés), y a la Programación Extrema, puesto que todas estas metodologías comparten la misma filosofía.

Aprenda Gestión Ágil de Proyectos Paso a Paso

En pocas palabras, la metodología ágil trata acerca de la comunicación, el trabajo en equipo, la colaboración, adaptabilidad, iteración, feedback y por supuesto, ¡de la agilidad! La iniciativa de desarrollo es descompuesta en esfuerzos de corta duración y el cambio no sólo se espera, sino que es adoptado por los participantes.

Para implementar la metodología ágil de forma exitosa, una organización debe adoptar sus conceptos y filosofías en todos los niveles.

La metodología ágil brinda un marco de trabajo con el cual los equipos pueden mantener el enfoque en la entrega rápida de software funcional y en brindar verdadero valor empresarial, inclusive si los ambientes donde los activos técnicos y funcionales y el paisaje pueden variar o cambiar de forma rutinaria.

Podemos decir que la metodología ágil permite a los equipos de desarrollo brindar el máximo valor empresarial por medio de la entrega de software realmente valioso y funcional que cumpla las necesidades empresariales.

Aprenda Gestión Ágil de Proyectos Paso a Paso

¿Cómo sabemos que el software realmente cumple las necesidades empresariales? Porque los participantes están involucrados y la verificación de alcance y calidad toman lugar, en resumen, ciclos iterativos.

Las desviaciones del propósito verdadero de una característica o pedazo de funcionalidad pueden identificarse rápidamente y corregirse de una manera ágil.

Si volvemos al Manifiesto ágil, hay 4 puntos clave que resalta.

Está en favor de:

- Los individuos e interacciones antes que los procesos y herramientas

- El Software Funcional antes que la documentación general

- La colaboración del cliente antes que la negociación del contrato

- Responder el cambio antes que seguir un plan

Aprenda Gestión Ágil de Proyectos Paso a Paso

Los principios clave tras estos puntos son resaltados a continuación:

- Satisfacer al cliente por medio de la entrega temprana y continua de software funcional

- El cambio es bienvenido, inclusive en etapas tardías del proceso de desarrollo

- El software funcional se entrega frecuentemente, típicamente en intervalos de dos semanas o dos meses

- Los desarrolladores trabajan directamente con personal funcional o SME en una base diaria

- Los proyectos son creados con personas capaces y motivadas, y se les da un ambiente que les permita tener éxito

- La comunicación cara a cara es crítica

- La medida primaria de progreso es el software funcional

- El ritmo de desarrollo debe ser sostenible

- La atención continua a la excelencia técnica y al buen diseño mejora la agilidad

- La simpleza es esencial

- Las mejores arquitecturas y diseños surgen de equipos efectivos y auto-organizados

- El equipo evalúa continuamente el rendimiento pasado y busca maneras de hacer las cosas mejor

Si se implementa adecuadamente la metodología ágil, con la aceptación de los participantes en todos los niveles de la organización, la productividad y la ventaja competitiva son maximizadas y el costo es minimizado.

Por supuesto, la metodología ágil no trata necesariamente de reducir costos, pero cuando se implementa y se gestiona de manera apropiada, es un efecto secundario que es bastante bueno.

DISCUTAMOS LOS PUNTOS CLAVE ANTERIORES EN MAYOR DETALLE.

1.   Favorecer a los Individuos e Interacciones antes que a los Procesos y Herramientas

Los mejores procesos y herramientas en el mundo no valen nada sin las personas correctas comunicándose e interactuando de forma efectiva. Sin importar el tamaño o la madurez de la organización, deberíamos empezar con las personas para luego decidir los procesos y herramientas apropiadas para hacer nuestro desarrollo ágil más efectivo.

2.   Favorecer el Software Funcional antes que la Documentación General

En los días del desarrollo en cascada, con la metodología ágil, cualquier documentación que es creada usualmente es creada mientras que el desarrollo toma lugar. El enfoque de desarrollo y lanzamiento rápido facilita la concurrencia entre los desarrolladores, analistas empresariales, y escritores, y en un ambiente Ágil, los analistas empresariales a menudo producen la documentación.

Sin importar el uso de Ágil o no, es raro que un cliente no requiera algún tipo de documentación y no hay nada malo con eso. Pero, n una organización que realmente está orientada a la implementación ágil, el software funcional siempre es el producto primario y central.

3.   Favorecer la Colaboración del Cliente antes que la Negociación del Contrato

Enfrentémoslo, siempre que los equipos de desarrollo brindan servicios para los clientes, siempre habrán obligaciones del contrato. Pero cuando usamos el término "negociación del contrato" ¡implicamos nuestra mentalidad contra la suya y esto es un contratiempo para el proceso Ágil!

Para que el proceso ágil sea efectivo, necesitamos contratos que sean flexibles y que sean desarrollados y escritos para manejar efectivamente el cambio.

No es raro trabajar con un cliente por medio de un contrato de Precio Fijado de Firma (PFF). Desde la perspectiva del cliente, el PFF es preferible debido a que transfiere el riesgo al proveedor del servicio.

En este caso, la metodología ágil aún es una metodología de desarrollo válida, si el cliente entiende y realmente adopta los conceptos Ágiles. La dificultad a veces llega cuando el cliente insiste en definir la funcionalidad frontal, fuerza al proveedor del servicio a firmar un contrato cuyas estimaciones se basan en estos requerimientos iniciales, y luego intenta arrastrar el alcance mientras avanza el proyecto.

Obviamente, un contrato PFF no es el preferido para ejecutar la metodología Ágil, pero aún es posible si los participantes están bien informados y adoptan los conceptos Ágiles.

4.   Favorecer la Respuesta al Cambio antes que Seguir un Plan

A pesar de que los planes detallados de un proyecto y los elegantes diagramas de Gantt son impresionantes, no son útiles con la metodología Ágil. ¡Lo leíste bien! Ágil se basa en programas de entrega en los que la funcionalidad prescrita puede ser definida, pero se entiende que puede cambiar.

El progreso del proyecto dentro de la metodología ágil se basa en bumdowns. Sin importar la funcionalidad real entregada, el progreso aún se lleva a cabo a lo largo del tiempo. El estimado total puede cambiar debido a requerimientos recientemente identificados, o cambios en el alcance de parte del cliente.

5.   Ágil y Manejo de Riesgos

Antes de que Ágil surgiera, una gran cantidad de proyectos de desarrollo de software fallaron o fueron cancelados con poca o ninguna funcionalidad. Los equipos a menudo pasaban meses o años trabajando en un proyecto con nada tangible para demostrar sus esfuerzos.

¡En muchos casos, los proyectos fueron desarrollados y entregados sólo para encontrar que no cumplían las verdaderas necesidades de la empresa! ¡Imagina que luego de meses o años de trabajo y posiblemente millones de dólares de inversión, descubres que tus necesidades no han sido cumplidas!

Aprenda Gestión Ágil de Proyectos Paso a Paso

Desde el punto de vista del Instituto de Gestión de Proyectos (PMI por sus siglas en inglés), el manejo de riegos es un área de conocimiento clave y una que está bastante alto en la lista de prioridades del Gestor del Proyecto.

Todos los gestores de proyectos deberían entender el riesgo. Es simplemente una dinámica inherente dentro de cualquier proyecto y una que tiene que ser entendida, y debe evitarse o mitigarse. Entonces, ¿qué es un riesgo? Por su definición formal, el riesgo es algo que puede o podría ocurrir y que podría causar resultados inesperados o imprevistos.

Los gestores de proyectos saben que los riesgos no siempre son algo negativo. Las oportunidades también son riesgos. Pero el riesgo es algo que, positivo o negativo, tiene que ser identificado, cuantificado, y manejado. La situación, el ambiente, el proyecto, las personas, etc, determinan cuándo, dónde y cómo se manejan los riesgos.

La metodología ágil reduce los riegos por medio del involucramiento de las partes interesadas y el desarrollo y entrega rápido e iterativo. Esto significa que la evaluación de la verificación del alcance toma lugar de forma rutinaria, lo cual efectivamente reduce el riesgo.

6.   Amenazas Organizacionales para Ágil

¡La mayor amenaza para ágil es la gestión! Específicamente, la gestión funcional con expectativas irreales. En algunas organizaciones, la metodología ágil no es más que una palabra de moda debido a que las partes interesadas no han sido educadas en sus conceptos fundamentales.

Como se mencionó anteriormente, la necesidad por la metodología ágil debe ser entendida y aceptada por todas las partes interesadas, de arriba hasta abajo.

Sin este entendimiento y apoyo, es probable que falle o que en el último momento deje a los gestores con un mal sabor de boca debido al hecho de que el Gerente de Desarrollo de Proyectos les dice "ciertamente podemos modificar nuestro enfoque y darte funcionalidad X pero el requerimiento W va a tener que ser devuelto para una iteración futura."

En el caso del PFF, ¡el requerimiento W puede simplemente ser abandonado totalmente!

Con la metodología ágil, el cambio es bienvenido, inclusive en etapas tardías del proceso, pero en el caso del PFF, es posible que ciertos cambios puedan afectar significativamente la fecha final del proyecto y por ende necesitar la extensión del contrato.

Entonces, Ágil es una metodología de desarrollo de software que fomenta la entrega rápida de software valioso y funcional de una manera iterativa. Valora a las personas y la comunicación sobre los procesos y herramientas. Prefiere el desarrollo de software sobre la documentación general.

Favorece el involucramiento activo y dinámico del cliente la identificación efectiva y apropiada de las verdaderas necesidades de la empresa antes que la negociación del contrato. Defiende la habilidad de responder ágilmente al cambio, incluso tarde en el proceso de desarrollo antes que seguir un plan pre-definido.

Aprenda Gestión Ágil de Proyectos Paso a Paso

Puede argumentarse si niega o no la necesidad de realizar el manejo de riesgos, pero es seguro decir que con el involucramiento constante y activo del cliente y con equipos de desarrollo auto-organizados, profesionales, competentes y productivos, con una verdadera dedicación a la misión del cliente y un claro entendimiento de las necesidades del cliente, puede ser enormemente exitoso y un escenario de ganar-ganar tanto para el cliente como para el equipo de desarrollo.

CAPÍTULO 11: ESTRATEGIA BÁSICA ÁGIL

¿Cuál es la mejor manera de crear un producto de software relevante y de alta calidad? Algunos dicen que es el desarrollo ágil. ¿Qué es lo bueno de ello? Ahorrar dinero no es el único fuerte del desarrollo ágil (a pesar de que hay maneras de hacerlo).

Lo principal es la flexibilidad del proceso y el producto mismo, de vital relevancia para el mercado.

Un vistazo rápido a los principales valores del enfoque ágil te permitirán entender si se adecúa a ti al enfoque de tu propia empresa:

- Los individuos e interacciones brindan auto-organización y la compartición de ideas y experiencia por el bien de la calidad del producto.

- El software funcional es más importante que la documentación general, lo cual se distingue del modelo de cascada. No lanzas la documentación- lanzas el producto. Tus usuarios no necesitan documentación- necesitan un gran producto para usar.

- Por otro lado, nuca subestimamos la importancia de cada pieza de documentación que tengas. A pesar de que el resultado funcional es de mayor prioridad, deberías invertir en documentación para obtener más rápido el software funcional y con menos problemas en el camino.

- La colaboración del cliente se requiere para mantener los requerimientos relevantes y clarificarlos en el proceso de desarrollo. Tienes que comunicarte con tu compañía de software para saber que están creando exactamente lo que quieres- mientras tanto, ellos se aseguran de construir el producto que tú quieres. La colaboración fructífera se valora por sobre los detalles de la negociación del contrato- un deber para los equipos orientados a los resultados.

- Responder al cambio significa todo en el mundo móvil. Tu producto no corre el resigo de volverse obsoleto o incompatible con tu empresa o el ambiente móvil.

La mayoría de las compañías de software abrazan el desarrollo ágil, y aplican ciertos marcos de trabajo y metodologías para hacer tu producto. Aquí hay algunas formas populares para poner en acción el desarrollo ágil.

1.   Scrum

Scrum es un marco de trabajo ampliamente usado para gestionar proyectos incrementalmente: el ciclo del proyecto entero se divide en períodos cortos de tiempo (sprints), al final de cada uno, el Propietario del Producto recibe una parte tangible del software.

Un sprint usualmente dura 2 semanas. Las metas para cada sprint subsecuente se basan en los resultados logrados en el anterior, son discutidas y aprobadas por el propietario del producto.

Cualquiera que sea la cantidad, Scrum permite dividirla y gestionarla eficientemente, colocando el resultado común del equipo al frente. Otras prioridades son la comunicación, la transparencia de acciones, la auto-organización y la motivación.

También valora considerar condiciones tecnológicas y empresariales para llevar al proyecto en la dirección correcta, manteniendo estructurado el proceso de trabajo pero evitando la burocracia excesiva.

Junta todo esto, y obtendrás la flexibilidad para hacer y mantener un producto relevante (satisfacción de las demandas del propietario del producto), la planificación efectiva del presupuesto (debido al enfoque iterativo), y la conveniencia por el equipo de desarrollo, donde cada voz es valorada.

2.   Kanban

Kanban es una técnica que prioriza la entrega "justo a tiempo" del producto de software, inspirada por el sistema de producción de Toyota. A pesar de que crear software no es de ninguna forma similar a la producción masa de coches, hay ciertos mecanismos que pueden ser aplicados en ambos procesos. Es una línea de ensamblaje en la que las características son introducidas y una pieza de software mejorada sale al final.

El cuello de botella de esta línea es la limitación. Si los desarrolladores son capaces de crear 4 características durante un período de tiempo, y el Control de Calidad puede probar no más de 3 en el mismo período, entonces 3 es el máximo.

Sin embargo, es fácil de definir dónde está el cuello de botella (al limitar el trabajo en progreso), y cubrir las limitaciones al contratar o re-despegar los recursos humanos- y por ende obtienes eficiencia. La visualización del flujo de trabajo (como un muro de cartas con cartas y columnas) te permite administrar los cambios e implementarlos como se planeab.

3.   Programación Extrema (XP)

XP es una metodología de desarrollo de software, destinado a aumentar la calidad del software y la capacidad de respuesta a cambios inevitables. Involucra iteraciones cotas y frecuentes con prueba de unidades de todo el código, programación en parejas (revisión continua del código).

Nada es codificado hasta que sea necesario. El traspié común de este enfoque es la inestabilidad de los requerimientos y la falta de documentación general.

Los cinco valores centrales de la programación extrema se relacionan al desarrollo ágil en general: comunicación, simplicidad, feedback, coraje, y respeto. La comunicación puede incluir la documentación requerida desde el inicio. La simplicidad al codificar lo hace entendible para cualquier otro desarrollador; todas las características extra pueden ser dejadas para después.

El feedback se aprecia tanto desde el equipo como de los usuarios finales. El coraje debe ser lo suficientemente alto para deshacerse del código obsoleto e irrelevante, cualquiera que fuese el esfuerzo para crearlo. El respeto aplica a la experiencia e ideas de todos en el equipo.

4.   Método de Desarrollo de Sistemas Dinámicos (DSDM por sus siglas en inglés)

Los principios principales tras DSDM son: enfoque en la necesidad de la empresa (entregar el beneficio de la empresa temprano); involucramiento continuo de los usuarios; mantener la calidad en un alto nivel como un deber; control transparente y proactivo; y crear el producto iterativamente con comunicación continua; y la entrega oportuna- el alcance total del trabajo se divide en deberes, en deberes posibles, en deberes opcionales y en libres para cumplir las fechas de entrega.

5.   Desarrollo Dirigido por Características (FDD por sus siglas en inglés)

El desarrollo dirigido por características es otro proceso incremental, el cual involucra CINCO (5) actividades básicas: desarrollar el modelo general, crear una lista de características, luego planificar, diseñar e implementar por característica.

El enfoque une un conjunto de las mejores prácticas de ingeniería de software reconocidas por la industria- y el todo se volvió un método elogiado para desarrollar oportunamente y entregar el software funcional a su propietario.

Aprenda Gestión Ágil de Proyectos Paso a Paso

Los enfoques Ágiles trabajan en el software como ningún otro y cubren la mayoría de los problemas en el camino. Todo lo demás depende de la compañía de software ágil que elijas, y de tus propios esfuerzos- tienes que trabajar cuidadosamente por el mejor resultado. Presta atención a los gestores de proyectos que blanden la maestría del desarrollo ágil..

CONCLUSIÓN

Imagina un proyecto emprendedor de desarrollo de software en el que el cliente dice "vamos a tomarnos un largo tiempo para hacer esto y no esperamos ver ningún resultado por al menos dos años".

¿Puedes imaginarlo? La verdad es que probablemente nunca suceda :) Entonces, ¿qué es una realidad? En el mundo real del desarrollo emprendedor de software, la clave para cualquier equipo de desarrollo es brindar el valor máximo y trabajar de cerca con el cliente, para ser capaz de construir una cultura de ingenuidad verdadera, y para ser capaz de cumplir las necesidades cambiantes del cliente de manera tal que haya disrupción mínima, si la hay.

En los primeros días del desarrollo de software, no era raro que los meses pasaran antes de que algún desarrollo empezara, y una vez que el desarrollo empezaba, podrían pasar meses o años antes de que algún tipo de producto finalizado estuviese listo para probarse.

Aprenda Gestión Ágil de Proyectos Paso a Paso

La definición de requerimientos y el proceso de recolección era a menudo muy largo, y en muchos casos, el equipo de desarrollo estaba aislado del cliente.

Una vez que los requerimientos estaban completos y el desarrollo había empezado, el cambio simplemente no era algo que era fácilmente recibido.

Tengamos en mente que conceptos tales como la Integración Continua y la Gestión de Configuración eran desconocidos y el uso de repositorios fuentes de control no era dominante como lo es ahora. Un cambio en los requerimientos simplemente era muy difícil de acomodar y generalmente se le veía con mala cara.

La revisión constante de fechas de entrega y expectativas es la clave para el proceso Ágil, a diferencia de los métodos tradicionales (o "vieja escuela") para gestionar un proyecto, en los que lo que era hecho no podía deshacerse, como si fuese descubierto muy tarde en el proyecto, la metodología ágil echa un vistazo constante al alcance y a los obstáculos que tiene una implementación de software y se inclina a acomodarlo de una manera razonable.

Aprenda Gestión Ágil de Proyectos Paso a Paso

La planificación, prueba, e integración en todo el proyecto son necesarias para el éxito de un proyecto.

A diferencia del método de la vieja escuela en el que el gestor del proyecto tomaba el mando, hacía las reuniones y gritaba órdenes, la metodología ágil permite a los equipos colaborar. Las decisiones se toman como un grupo para asegurar la trasparencia y la comunicación abierta.

La metodología ágil ha tardado en ser implementada en el desarrollo de sistema de software alrededor del mundo, a pesar de que ciertos componentes han sido usados por algún tiempo. Mientras más empresas ven dinero y tiempo desperdiciados en usar un enfoque de gestión de proyecto más rígida, más están volviéndose hacia las metodologías y prácticas Ágiles como una forma de permanecer actualizadas, sortear errores y mantener los proyectos a tiempo y bajo el presupuesto. ¡Es tu turno ahora!